Sebastián Fox Morcillo

SOBRE LA JUVENTUD
(1556)

Versión de Luis Frayle Delgado

1ª ed., febrero de 2024

Portada: *Retrato de filósofo con gorro rojo*
Sandro Botticelli, témpera sobre tabla (1477)

Una iniciativa de Cypress Cultura
www.cypress.com.es

ISBN: 978-84-127712-2-0
Depósito legal: SE 2521-2023

IMPRESO EN LA UNIÓN EUROPEA

NOTA DEL EDITOR

La lectura de *Sobre la juventud*, del humanista sevillano Sebastián Fox Morcillo, que se da ahora a conocer en versión española de Luis Frayle Delgado, depara múltiples sorpresas al lector poco o nada familiarizado con el perfil de dicho autor. Encontrará, por ejemplo, una enconada defensa de la juventud como edad perfectamente digna en y por sí misma, y no como mero preámbulo a la madurez, eso sí, siempre que se atenga a los principios de prudencia e instrucción que la pongan al servicio de altas metas vitales; en un contexto como el del humanismo renacentista, en el cual el culto a la venerable antigüedad pasaba por la recepción del tópico ciceroniano de la senectud como edad idónea del hombre, en cuanto cumbre de una existencia bien conducida, una apología tan vehemente (y, en ocasiones, agresiva) como la de Fox Morcillo resulta un tanto extemporánea, y en ciertos aspectos parece anunciar valores que no se impondrán hasta el Romanticismo. También resulta pasmosa su convicción de que, comparados con los tiempos antiguos, los contemporáneos gozan de incontables ventajas (entre ellas, la de la invención de la imprenta) que les permiten incluso aventajar a los admirados clásicos grecolatinos; bien es verdad que nuestro Luis Vives, en sus *Disciplinas*, ya había avanzado algunos argumentos en el mismo sentido, y tampoco en la Roma clásica escasearon los apólogos del presente frente al pasado (Horacio, Séneca o Quintiliano defendieron su capacidad de sobrepasar a quienes les habían antecedido), pero desde luego no con la extraordinaria convicción, un tanto soberbia, que muestra Fox. Por último, resulta provocadora la decidida apuesta del sevillano por el valor de las pasiones para el pleno desarrollo del ser humano, empleando para ello conceptos que pronto hallarán eco en Alexander Pope o Bernard Mandeville, entre otros: así, frente a actitudes más pacatas, de corte estoico, Fox (él mismo, sin duda, un joven pagado de sí mismo y extraordinariamente satisfecho con su modo de ser y aparecer) se erige en paladín de un tipo de hombre espoleado por el ímpetu, la convicción y la autoconfianza. A Lord Byron le habría entusiasmado leerle.

Esperamos que la lectura de este breve pero enjundioso diálogo contribuya a difundir la obra de nuestro humanista andaluz, español y europeo, para lo cual la labor de recientes investigadores (caso, entre otros, de Alejandro Cantarero de Salazar) se revela de un valor incalculable.

José Luis Trullo
Sevilla, enero de 2024

SEBASTIANI FOXII

MORZILLI HISPA-
lenſis

DE IVVENTVTE,
Liber.

V M poſt diuturnã à patria
peregrinationem, uehemen
ti meorum deſiderio incen-
ſus, Franciſcum fratrem, e-
gregiè in ſtudijs uerſatũ iu-
uenem, aliquando per lite-
ras Louaniũ euocaſſem: at-
que is eo tempore, quo PHILIPPVS Hi-
ſpaniæ princeps in Angliam fœliciſſima na-
uigatione appulit, claſſe uectus eadem ue-
niſſet: iucundiſſimè quidẽ illum, ut fratrem
frater, accepi, cõplexusꝗ à me uix poſt lon-
gam ſalutationem dimiſi. Qui cum poſt dies
aliquot, quibus ſeſe à moleſtia nauigationis
aliquantum recreaſſet, mecum de uarijs reb.
ageret, multaꝗ quæreret: tum die quadam
prolixius quàm unquam aliàs locuti, ſermo-
nem uarium ac longum habuimus, ut penè
totus ille dies nobis fuerit in eo cõſumptus:
adeò erat iucundum, diuturnam abſentiam
ſermone copioſo compenſare. Et quidem ut
res nouæ atꝗ gratæ maiori ſolent hominum
animos uoluptate afficere, ita fratris longè
chariſſimi optatiſſimiꝗ præſentia uſque a-
deò ſum

LIBRO DEL HISPALENSE
SEBASTIÁN FOX MORCILLO
SOBRE LA JUVENTUD

Después de un prolongado peregrinaje lejos de la patria, encendido por un vehemente deseo de ver a los míos, cuando en cierta ocasión, por una carta, llamé a Lovaina, a mi hermano Francisco, un joven extraordinariamente dedicado a los estudios, y como llegase viajando en la flota en que, al mismo tiempo, en una venturosa navegación, el Príncipe Felipe de España, arribara a Inglaterra, yo, en verdad, lo recibí con gran alegría, como hermano a hermano, y después de abrazarlo lo despedí apenas luego de un largo saludo. Y como él, después de algunos días, restablecido un poco de las molestias de la navegación, tratara conmigo de varios asuntos y preguntara muchas cosas, cierto día hablamos más prolijamente que nunca, tuvimos una conversación larga y variada de modo que se nos pasó casi todo el día en ello, tan agradable era compensar la falta de conversación frecuente. Y como las cosas propias y agradables suelen producir en los ánimos de los hombres el mayor placer, tanto me complacía la presencia de mi muy querido y añorado hermano que no quería yo poner fin ni a conversar ni a preguntar. Yo le dediqué con afecto e interés no sólo unos días más sino que aquel que he dicho se lo dediqué completo y casi sin interrupción. Durante él, después que alguna vez hubiésemos prolongado la conversación un poco más de tiempo sobre la patria, los parientes, los allegados, los estudios comunes, como yo le preguntaba estas cosas con avidez, entonces él, como aprovechando la ocasión me llevase a este asunto, dice:

FRANCISCO. Con frecuencia, hermano, he oído decir a muchos que han leído tus escritos (aunque en mi presencia no se atrevieron a decir nada injurioso) que alababan y admiraban tu habilidad, tu destreza, tu ingenio, esa tu excelente disposición natural; pero que se requería un juicio más maduro y más confirmado por la edad; y que, aunque ahora lo tuvieses en alguna medida, se esperaba de ti mayor madurez con el paso del tiempo. Por lo cual tú, que, como eres prudente, te conoces bien y en breve tiempo has alcanzado el juicio de muchos años, dime sinceramente, te lo ruego como hermano, qué sientes de ti mismo; si acaso piensas que alguna vez tu adolescencia haya sido obstáculo para tan grandes progresos en tus estudios, para que avanzaras en las letras en breve tiempo, o si piensas, como dice el vulgo, que todo lo perfecto está en la vejez. Pues yo, cuando se ha entablado discusión sobre este asunto, he defendido a la juventud con las razones que he podido, de manera que, al menos, la defendiera en tu caso. Sin embargo, deseo ahora saberlo de ti mismo, no tanto para confirmarme en mi opinión como también para escuchar tus razones sobre este tema.

SEBASTIÁN. Yo entonces digo: en verdad has obrado con rectitud y con mucho amor para con tu hermano, pues no puedes, Francisco, hacer ni pedir nada mejor de un hermano. Pero ciertamente esta pugna en defensa de la adolescencia no me ha sido ingrata ni una sola vez, no porque quiera así defender mi causa (pues fácilmente sigo al que piensa mejor), sino porque no podría soportar en algunos esa admiración excesiva a la caduca vejez ni la profusa locuacidad para vituperar a la juventud. Así pues, cuando no se te puede negar nada, sobre todo porque pides cosas honestas, y personalmente pides conocer mi opinión en este asunto, no con el afán de ejercer de árbitro, diré lo que siento quizá con mayor libertad de lo que sería conveniente. Sin embargo daré mi juicio acerca de mí, de modo que no parezca que me apruebo a mí mismo o que, por el contrario, me rebajo en algo. Sólo te expondré lo que tú pedías al fin de tu conversación: que nadie debe acusar a la juventud y no debe posponerla a la vejez.

FRANCISCO. Esto, hermano, dice él, será muy grato para mí, con tal de que tú no tengas ninguna molestia por ello; pues ya bastante te absorben tus estudios.

SEBASTIÁN. ¿Pues qué, digo yo, puede ser desagradable de tu parte cuando no deseo más que poner ante ti toda mi obra y mi estudio? Por lo cual, Francisco, no hay nada que prefiera a esto, pues lo haré con mucho gusto. Sin embargo, no tendremos suficiente tiempo para dedicarle.

FRANCISCO. Él entonces dice: vamos, pues, Sebastián, decide lo que quieras, pues escucharé con gusto todo lo que parece pertenecer a nuestra causa común.

SEBASTIÁN. Entonces digo yo: con mucha frecuencia, cuando pensaba en lo que dicen muchos hombres que todo lo desaprueban y ni siquiera perdonan a los buenos, me vino a la mente el poner en duda qué tendría de defectuoso el oponerme a la juventud o qué encontraría de bueno en la vejez. Pues muchos piensan que el joven carece de buen juicio; entonces lo marcan con la infamia de vileza, avaricia y toda clase de torpes pasiones; otros quieren que se enseñe que a los jóvenes hay que moderarlos de sus viejos delirios, como a ciertos animales carentes de razón; otros pretenden que en ellos está el mayor vicio de la voluptuosidad y el desenfreno; y, finalmente, nadie de la hez de la plebe es tan inepto que, para parecer prudente, no vitupere a la juventud y alabe a la vejez. Y verdaderamente no estoy tan sorprendido por ello en los mismos ancianos, que de cualquier modo actúan mirando sus intereses, cuanto en algunos adolescentes que, al ver que son superados con mucho por otros de entre sus iguales, preferirían conjurarse con los viejos y condenar su edad, antes que reconocer las cualidades ajenas.

FRANCISCO. Es exactamente, dice Francisco, como dices; y podría nombrarte muchísimos, incluso de nuestros familiares, que lo piensan.

SEBASTIÁN. ¿Por qué, digo yo, no reconocen, lo que me parece es más grave y más reprensible, que reprochan a la juventud y por el contrario alaban a la vejez? Y si preguntas la causa, no te daré otra si no que dicen esto llevados por la opinión del vulgo; y dicen lo mismo que muchos viejos muy ignorantes. Y en verdad todos estos a mí me parecen muy semejantes a los que, cuando surge una revuelta en la ciudad, se unen también ellos a los sediciosos, no por iniciativa propia sino porque temen ser despojados de sus bienes o de su vida si se oponen a la audacia de aquellos. Pero mejor sería que, aceptando cualquier inconveniente ellos juzgaran lo que es justo antes que ser arrebatados y precipitados cuando la turba del pueblo los envuelve en su torbellino, una vez perdida toda libertad de juicio. Mira también hasta dónde haya llegado su ignorancia: como yo mismo en cierta ocasión oí decir a uno que se consideraba prudente, que prefería ser curado por un médico indocto pero viejo que por uno joven sabio, porque enseñado al menos por la experiencia no podría no curar correctamente; el joven, en cambio por la falta de experiencia o bien porque, aunque conociera los preceptos del arte de la medicina, no sabría aplicarlos al caso concreto. ¡Oh, ciego y perverso juicio del hombre! ¿Qué mayor no diré necedad, que es la que ellos atribuyen a la juventud, sino locura, que es seguir el error conocido y defender aquello que cualquier hombre sano rehuiría? ¿Qué otra cosa hacen los borrachos e iracundos sino aquello a lo que son incitados sin deliberación alguna, arrastrados a donde les lleva su impetuoso deseo? Y además, la locura de estos es mayor que la de aquellos, porque se obcecan como sin darse cuenta por la envidia y la emulación.

Desprecien ellos a la juventud todo lo que les venga en gana y la abrumen con toda clase de recriminaciones. Yo por mi parte no echo de menos en ella, si está bien educada, ni la prudencia, ni la erudición ni las demás cualidades que suelen adquirir los hombres durante largo tiempo. Pues ¿qué le faltó al joven Demóstenes, el más elocuente de toda la Grecia, cuando a los 18 años pronunció aquellos famosos discursos a todo el pueblo ateniense, que fueron llamadas discursos en estrofas, los cuales los griegos por su excelencia consideraron dignos del maestro Iseo? ¿O aquel otro discurso que escribió a los veinticinco años contra Androtio, por no hablar de los demás que pronunció en este espacio de tiempo? ¿Qué diremos de Cicerón, padre de la lengua romana? ¿Acaso no pronunció un discurso en defensa de Roscio Amerino, siendo un joven apenas de veinticuatro años? Compuso también dos libros *De inventione*, que, aunque dice que le fueron arrancados en la juventud, ningún otro viejo los habría hecho más perfectos salvo el propio Cicerón. Además, también Pericles, que decían los griegos que cuando hablaba lanzaba rayos y truenos, comenzó de joven a pronunciar discursos al pueblo y alcanzó la celebridad del nombre que tuvo después. Y también Catulo y Propercio, los más elegantes de todos los poetas, escribieron cuando eran jóvenes aquellos divinos poemas que aún hoy admiramos. Orígenes Adamancio, por poner ejemplos de los nuestros, a los veintiocho años enseñaba filosofía y las demás buenas artes, e instruía en la religión cristiana a los niños alejandrinos, siendo admirado no sólo por los filósofos paganos sino también por los nuestros. Él mismo estimulaba a la muerte inminente a su padre Leónides, con consideraciones de índole religiosa, y él mismo la esperaba de buena gana sin hacer caso del llanto y las preces de su madre. A pesar de su temprana edad no fue débil ni inconstante en tal situación de miedo y peligro. El gran Agustín, el mismo que fue cumbre de la cristiana piedad, joven todavía, refutó con sus escritos los errores de muchos hombres impíos; había comenzado a ser tal cual lo conocemos ahora. En la memoria de nuestros padres estuvo Francisco Pico de la Mirandola, varón de ingenio divino, que, preclaro ya por su poder y riquezas, en su juventud floreció tanto en las letras que superó por su celebridad la nobleza y amplitud de su doctrina, que era la más alta. Cuenta Ulpiano que el jurista Nerva, hijo de Nerva, a los dieciocho años solía responder a las cuestiones de derecho recibiendo por ello grandes alabanzas. Asimismo, escribe Cornelio Tácito, autor serio y veraz, que Marco Craso –aquel que Marco Tulio introdujo en sus divinos libros *Sobre el orador*– a los veintiún años censuró a Carbón en un discurso. Por no hablar de otros muchos grandes y excelentes jóvenes famosos no sólo por su doctrina sino también por otras muchas cualidades, diré que ciertamente a mí la juventud honesta nunca me pareció ni débil ni sujeta a torpes pasiones, cuando me conmueven los ejemplos de tantos grandes hombres que he recordado, y nada encuentro en la vejez mejor ni más digno de alabanza.

Pues cuando recapacito conmigo mismo por qué la juventud es deshonrada con tantas recriminaciones y por qué se pospone a la vejez, me parece que pueden aducirse principalmente estas tres razones: primero que es temeraria, en cuanto carece de experiencia y conocimiento de las cosas; segundo, que sujeta a muchas turbulencias, nunca se somete a la razón; en tercer lugar, que se entrega a todos los placeres y vicios. Estas son, hermano, si no recuerdo mal, las cosas por lo general los hombres suelen condenar en la juventud; si tú tienes algunas más tráelas a la memoria para que responda a todas a la vez.

FRANCISCO. Entonces dice él: son estas, estas mismas y no hay más que estas; pero tú sigue como has comenzado.

SEBASTIÁN. Yo le respondo: dicen que la adolescencia es temeraria y falta de juicio. ¿Qué adolescencia? os ruego, ¿o falta de qué juicio? Pues pienso que una adolescencia bien educada en costumbres honestas y al cuidado de los padres no está más vacía de juicio que la vejez. Y no consideraré más prudente a uno porque haya vivido más tiempo que a otro cualquiera de menos edad, que con más agudeza de ingenio haya conseguido mayor juicio. Es verdad que la juventud carece del conocimiento de las cosas que no pueden adquirirse si no es durante largo tiempo; lo admito también si le faltasen las buenas letras, la educación de los padres, los consejos y advertencias de los prudentes; si, finalmente, permaneciese en aquella antigua edad de hombres rudos y como fieras salvajes, que todavía, como dicen los poetas, no habían abandonado la costumbre de comer bellotas. Pero ahora, cuando hay tanta ayuda de las artes, tantas comodidades y tantos medios oportunos, en fin, tanta cultura, sin duda nada podría hacer hoy una larga vida que no dé la erudición y la enseñanza de modo más perfecto y más rápidamente. Ciertamente en los tiempos antiguos fue grande la ignorancia de los hechos pasados, pues se trasmitían a la memoria de la posteridad por ciertos signos, que los griegos llamaban letras jeroglíficas, o bien se conocían sólo por la transmisión oral de los antepasados. Pero ahora, ¿qué niño un poco estudioso de la historia no conocerá todo lo sucedido desde el principio del mundo, los dichos, los hechos, que no tenga memoria de muchísimos hombres, noticias de la antigüedad, de los reinos, de las naciones, de las ciudades, de las guerras, de los reyes, de los sabios y de todo lo demás que en una vida muy larga apenas se aprendería? Que uno viva ochenta años, que es la duración de la vida humana a juicio de los médicos, o si quieres cien años, o también la edad de Néstor o de Argantonio, el rey de los Tartesios, ¿podría este en tan largo periodo de tiempo tener tantas noticias de las cosas como he dicho, o recordar tantas cosas? Pues ¿cuántas cosas más dignas de ser recordadas ocurren en mil o dos mil años que en ciento? En efecto, mayor conocimiento de las cosas hay en los jóvenes instruidos que en los viejos ignorantes. En cierta ocasión vi a unos viejos de edad avanzada que escuchaban estupefactos a unos chiquillos medianamente instruidos que recitaban algo de Tito Livio o de otro cualquier autor, y admiraban en un niño tanto conocimiento de las cosas como ellos mismos confesaban no haber conseguido en una larga vida. ¡Cuánto tiempo y trabajo necesitaban en la antigüedad los Pitagóricos para tener cualquier sencillo conocimiento, puesto que acostumbraban a confiarlo todo a la memoria, no a la escritura, como ahora! Además, ¡qué molestia tan grande era para los libreros la de escribir los libros; y de cuánta ayuda carecían los estudios! Ahora, en cambio, tenemos todos los escritos que deseamos; y con la ayuda de la tipografía y el papel tenemos grandes facilidades. Y el que quiere valerse de ellas podrá instruirse en más breve tiempo que los antiguos: si buscas la copia de cualquier libro, si necesitas de su ayuda, nunca fue tan grande la que te puede prestar. Pues, aunque recuerdes la biblioteca Romana, la Alejandrina, la Aristotélica y las más célebres bibliotecas, nunca se pudo disponer de los libros más leídos con tanta facilidad como ahora. Si buscas noticias de todas las artes, o ayuda para la memoria histórica o de la antigüedad, para la comprensión de los autores, ¿cuándo hubo tantas explicaciones, compendios, comentarios, índices, anotaciones, correcciones, observaciones? Me faltaría tiempo si

quisiera enumerar todas las comodidades inventa-
das en este tiempo para facilitar los estudios. Suficiente argumento de esto es el que vemos que muchos niños hoy han aprendido el latín y el griego
(lo cual es ahora mucho más difícil que antes, puesto que estas lenguas no están en uso entre el pueblo) y están muy bien instruidos en los Dialécticos
y los Retóricos; y que muchos doctos varones, que
han florecido hace todavía pocos años, o florecen
ahora, son jóvenes, o a esa edad comenzaron a tener renombre por su doctrina.

Pero si hacemos una digresión de los estudios a las oportunidades de la vida común, ahora,
sin duda, superamos a la antigüedad en aparato bé-
lico, máquinas, artefactos, defensas, comodidades,
pericia en la navegación, en el uso de instrumentos
para todo, así como en la ayuda de muchas cosas
necesarias para la vida. Y con eso sucede que si el
género humano ha sido en algún momento educado
e instruido, ahora lo es más porque por una parte
tenemos muchos inventos y por otra toda Europa,
que antes casi en su mayor parte era inculta, ahora
se está haciendo muy culta. Por no hablar de aquella parte de las tierras, situada al Austro, más exten-
sa que África, recorrida y sometida por las armas
de los nuestros. Y con estas ayudas la juventud no
puede menos de ser muy instruida, sobre todo si no
le falta la diligencia de los padres y el cuidado de
las instituciones. Pues con estas cosas se consigue

conocimiento y experiencia y en breve tiempo cualquiera se hace más prudente que otro en mucho tiempo. Por lo cual, si la adolescencia no puede estar vacía de cordura y juicio, teniendo tantas ayudas de las artes e inventos, bien informada y dotada de alguna agudeza de ingenio, ¿cuál es esa temeridad, cuál la falta de juicio, cuál la irreflexión en los hechos o dichos? Leemos que Octavio Augusto, nombrado cónsul ya a los veinte años, venció a Marco Antonio en la batalla naval de Accio y sometió la República Romana, ya pacificada, una vez quitados de en medio los adversarios de César, su tío materno. ¿Acaso piensas que le pudo faltar juicio o prudencia al que hizo tales cosas? ¿O que fue temerario más bien que precavido? Por el contrario Marco Antonio era viejo y de gran pericia en las cosas y experimentado en la prolongada práctica de la guerra; sin embargo fue vencido por aquel, no todavía un hombre sino como una mujer delicada y tierna. Joven era Escipión Africano y, por su fama de temeridad, muy reprendido por Catón porque, como Aníbal hubiera asolado Italia, habiendo pronunciado un discurso al pueblo, pidiendo tropas para sitiar Cartago y así expulsar a los enemigos de la patria, era joven cuando tomó aquella ciudad, y le impuso tributo. Joven era también su nieto cuando arrasó desde sus cimientos aquella ciudad, destruyó Numancia y entró en triunfo en Roma. ¿Qué diremos de Alcibíades? ¿Acaso no llamaba la atención del pueblo ateniense y dirigía la guerra de Siracusa con suma prudencia? Cuentan de Temístocles que en su primera edad era insolente y entregado a los vicios; después, sin embargo, fue tan ávido de la gloria por los trofeos de Milcíades que no podía dormir de noche. El que piense que este joven fue temerario escuche sus hazañas y no echará de menos en él la más grande prudencia. Omito ahora hablar de Alejandro Macedonio, dominador del orbe de la tierra, de Aníbal, de César y de otros extraordinarios y muy prudentes generales que siendo jóvenes llegaron a la cumbre de la gloria de la guerra de la que la que los viejos, en cambio, fueron expulsados. Los historiadores romanos celebran también a Papirio, al vestir la toga pretexta, porque como fuese llevado de niño al senado por su padre, según era costumbre, y habiéndole preguntado su madre qué había hecho aquel día en el senado y como no quisiera contárselo, su madre por eso le urgiera, le dijo para no descubrir el secreto, que se había discutido en el senado si no sería mejor que un varón estuviera casado con dos mujeres o, al revés, dos varones con una mujer. Y con este comentario satisfizo a la importuna pregunta de su madre y ocultó con mucha cautela lo que él había hecho aquel día en el senado. Pero fue una determinación excelente y de suma prudencia. Por consiguiente el joven bien instruido no carece de prudencia, ni esta edad es en general reprobable porque algunos sean débiles.

Pues aunque el viejo y el joven tengan la misma pericia para hacer las cosas, sin embargo es mayor en este que en aquel la agudeza de ingenio que le aumenta la prudencia; porque el viejo, como tiene ya la vida consumida también tiene débil el ingenio. La juventud es ardiente y es arrebatada incluso por un leve impulso del deseo. Ciertamente lo tendría que corregir si no estuviese cultivada por ninguna de las artes, por ninguna moderación de las fuerzas de la naturaleza (si esto es de las fuerzas de la naturaleza más bien que virtud). Pero si aquel ardor moderado por el juicio se acomoda al obrar, cuánto más excelente será lo que haga el joven que lo que haga el viejo. Pues el fervor es una ayuda muy grande, como enseñan los mismos hechos, no sólo para todas las virtudes sino para todas las demás acciones de la vida humana. Pues el que haga cualquier cosa que tenga que hacer con contención de ánimo y ponga ardor en las cosas que hace, con tal de que esté presente el sentido perspicaz, sin duda nada podrá administrar que no sea grande ni excelente. Vemos que vale mucho esta fuerza en la virtud de la fortaleza. Por cierto nada puede hacerse con fortaleza si no se le añade la moderación. Pues como toda acción del hombre se produce por una conmoción del ánimo, así tanto mayor será cuanto sea esta más vehemente. Cuánto más brillante fue en Quinto Máximo César, que sometió en un breve tiempo de guerra muchas regiones, que otro cualquiera no habría podido recorrer sino a marchas forzadas. Pero yo no considero aceptable aquella irresolución que falsamente muchos atribuyen a la prudencia, si es superada por la rapidez de juicio, puesto que aquella procede más bien de la lentitud y tardanza que de la agilidad de ingenio. Pues si uno tiene mayor ingenio podrá examinar en su ánimo o hacer cualquier cosa con más rapidez. Ciertamente hay que alabar la juventud que por medio del buen juicio supera a la vejez en rapidez. ¿Quién no antepondrá en mucho la excelente rapidez en hablar, en deliberar, en responder, en aconsejar y en obrar de los italianos (por no hablar de nosotros), a la torpeza de los bátavos, a la que no hay nada igual en lentitud y pesadez? Como puedo juzgar sobre mí mismo, diré que nunca soporto con ánimo ecuánime a esos hombres fríos e insulsos cuando hacen o dicen cualquier cosa. Más aún, me impaciento y me parece que, como si me viera afectado por tal torpeza, caigo en la somnolencia o me quedo parado por semejante estupidez. Por el contrario, si veo a alguno con ánimo dispuesto no sé de qué modo me predispone tan bien para con él que cualquier cosa que haga o diga me parezca que lleva consigo la mayor hermosura y gracia. Por lo cual, si recibimos con gran satisfacción esta fuerza del ánimo en algunos hombres y tiene el máximo vigor en los jóvenes, ciertamente esa edad es muy digna de alabanza, con tal de que, como hemos dicho, esté bien instruida. Prevalezcan, pues, los que condenan aquella vivacidad y ardor de ingenio como causa de temeridad en el joven; o esos mismos recomienden más bien su lentitud senil, o de asno; cuando quieren despojarnos de aquella prontitud de ánimo semejante a las mentes divinas por la que sobresalimos de los demás seres vivientes. Pues con frecuencia también alabamos en los viejos la lozanía y el vigor juvenil, como escribe Marco Tulio que fueron Marco Fabio y Catón y el rey Masinisa. Por eso hay que pensar que en el joven es laudable aquella fuerza que le es propia, cuando también la misma fuerza de la juventud, en los viejos, en los que es recibida como en precario, se cambia en alabanza.

FRANCISCO. Pero la juventud está más expuesta a las pasiones y no se somete a la razón nunca, o lo hace con dificultad.

SEBASTIÁN. Sin duda, buena objeción. Como si hubiera algo de malo en las pasiones y no fueran más bien semilla de virtudes. Esa opinión es de los estoicos y de los que juzgan viciosas las pasiones y de los que niegan que hayan sido dados por la naturaleza. La fuerza misma de la naturaleza enseña cuánto más verdaderamente y mejor piensan de esto los Académicos y Peripatéticos, que así como sembró en todos los seres vivientes las raíces de todas estas perturbaciones puso también grandísimos estímulos de todas las acciones y virtudes hermosas. Vemos que las acciones de los hombres se hacen con alguna pasión como por una mano de la mente, cuando ella misma constante y firme por su naturaleza, no aporta ningún movimiento al cuerpo, a no ser por la ayuda de las pasiones. Vemos también que las virtudes, utilísimas para la vida humana, como la fortaleza, la moderación la beneficencia, la amistad, la magnanimidad, la justicia y todas las demás, que puestas en cualquier acto externo se refieren a los deberes de la vida común, nacen de la misma fuente. Con lo que sucede que el que diga que la juventud tiene vehementes pasiones, es necesario que añada que tiene también impulsos para las virtudes y grandes acciones. Pues las pasiones, ya estén en el joven o en el viejo, por su naturaleza no son ni buenas ni malas. Es el modo de emplearlas y la determinación de la voluntad lo que las hace viciosas o buenas. Luego tampoco por este capítulo es más reprochable la juventud que la vejez, pues una y otra se conmueven con sus pasiones y pueden ser viciosas si usan mal de ellas. Las semillas de la audacia, la insolencia, la liviandad, la ira, la inconstancia y otras pasiones de esta clase están ciertamente en la juventud, y si se dirigen al fin de la virtud se convierten en virtudes; en la vejez, por el contrario, están las semillas del odio, de la tristeza del abatimiento, de la envidia, de la morosidad, de la arrogancia y de los demás vicios de este jaez, que son aún más vituperables que los de la juventud. Por lo cual es igual la violencia de las pasiones en una y otra edad, y por eso no hay razón para que se vitupere más a la juventud que a la vejez. Pues esas, Francisco, son cosas de los hombres y de la misma naturaleza corporal y no de la edad, las cuales, como decía Metrodoro, en sí no tienen nada de bueno ni de malo. Y si dijeran que es verdad que tales pasiones están en una y otra edad pero que los jóvenes son más rápidamente arrastrados a los vicios por su debilidad, les responderé lo mismo que en cierta ocasión respondí a uno que discutía conmigo de este mismo asunto: que es mejor la juventud por su buena índole, por su fuerza de ingenio, por la instrucción, por los buenos ejemplos, por el buen sentido; y añado que la erudición modera cualquiera de los movimientos contrarios a la razón. Pues la juventud no debió ser despojada por la naturaleza de la recta razón más que la vejez cuando vemos que en ella es vigorosa y está en crecimiento; en la vejez, por el contrario, remite y disminuye. Y ciertamente nada hay más florido y audaz que la juventud, bien sea que mires la fuerza del cuerpo o la prestancia del ingenio. Así, en ninguna edad la fuerza de la razón es más excelente que en la que estando vigoroso el cuerpo tiene las fuerzas del ingenio bien firmes. La vejez (dirán) tiene valor por su buen juicio. Lo tiene ciertamente si conserva en su interior la fuerza de ingenio adquirida en la ju-

ventud, pues nunca un joven debilucho podrá llegar
a ser un anciano prudente, porque la fuerza del ingenio no cambia aunque se perfeccione algo con la
edad y el estudio. Aquel anciano, según cuenta Mu-
sonio, como le hubiesen preguntado qué era lo mejor de la vejez, digamos como el viático, respondió
correctamente que lo mismo de la juventud, es decir, vivir bien y de acuerdo a la naturaleza. Por consiguiente, así como en la primavera vemos que todo
florece, madura y da frutos y por el contrario en el
invierno todo se marchita, así también la juventud
recibe aumento no sólo de las fuerzas del cuerpo sino también del ingenio; la vejez, como el invierno,
las disminuye. Pues no es verosímil que estando el
cuerpo vigoroso y fuerte no lo esté también la agudeza del ingenio; y que si uno y otro se debilitan no
se debiliten a la vez, como vemos que pasa en los
enfermos y en los niños que, por la debilidad del
cuerpo, tienen enajenación de la mente. Esto en la
vejez lo manifiestan la debilidad de los sentidos, de
la memoria, del oído, de la vista y de todos los demás, que o bien ya son nulos o bien están muy de-
bilitados. Y si la fuerza perfecta de la razón despojada de estas cosas se debilita, sin duda se sigue
que es extremadamente débil y exigua en los viejos. Sucede con frecuencia que, cuando el cuerpo
está mal dispuesto o agravado por la enfermedad y
la vida depravada, no podemos ni pensar ni hablar,
ni hacer correctamente las demás cosas, porque

tiene embotada la agudeza de la razón. Pensaremos que la vejez tiene menos agudeza porque tiene el cuerpo como obstáculo de cualquier movimiento de la mente. En primer lugar, aquella gran sequedad del cerebro no permite que nada se grabe en la memoria ni que sea correctamente percibido por los sentidos. Entonces la fuerza exigua del calor embota la agudeza de los sentidos que se valen de cierto hábito hirviente de la sangre, de manera que los ojos se oscurecen, los oídos se ensordecen, el olfato se obtura, el gusto y el tacto se embotan. Asimismo la facultad de hablar, que es por la que somos verdaderamente hombres, desaparece; y sin embargo los viejos son los más habladores por la añoranza (eso pienso yo) de lo que han perdido por la vejez. Por lo tanto, cuantas cosas les ocurren a los niños y a los borrachos las lleva consigo la vejez como propias. Los niños y los borrachos tiemblan en todo el cuerpo y también se abaten; lo común entre ellos les es también común con los viejos; ellos titubean y balbucean al hablar; esto mismo les ocurre a los viejos; aquellos se ofenden fácilmente por cualquier cosa, estos también son malhumorados e impacientes; aquellos ríen con frecuencia por un fútil motivo, lo mismo advertirás a cada paso en los viejos. Por tanto, si hay tanta semejanza de los viejos con los niños y los borrachos, ¿cómo puede haber recto uso de la razón? A no ser que pensemos que puede corregirse totalmente el vicio de la naturaleza con la experiencia; pero pensar esto es propio de la mayor embriaguez e infantilidad. De aquí aquel viejo proverbio de los griegos: *Los viejos son dos veces niños*, que pienso que se refiere no tanto a aquellos que por los defectos de la debilidad parecen volver a la niñez cuanto también a la misma vejez. Pues ciertamente no hay nada en la infancia que, con ciertas variantes debidas a la edad, no pueda ser congruente con la vejez. Así Platón en su *República*, describiendo los tiempos de Saturno, dice que había una antigua leyenda famosa que decía que los viejos se convertían en niños y estos a su vez en viejos, no porque de vivos pasasen a ser muertos, como él piensa, o los muertos pasasen a ser vivos, sino porque la naturaleza misma da a los viejos la misma debilidad que a los niños; puesto que vemos que en todas las cosas que nacen y viven se debilitan las fuerzas al final de la vida, como eran al principio de su nacimiento. También el mismo Aristóteles, el más serio de los autores, en su libro *Sobre las cuestiones naturales* dice que los niños tienen muchas cosas comunes con los viejos. Y lo mismo recuerda Plinio y otros muchos autores. Por todas estas cosas queda bien claro que no hay mayor fuerza de la razón en la vejez que en la juventud, pues aquella es semejante a la de los niños, que más bien carecen de sentido; y por lo mismo tampoco los jóvenes se alteran más por las pasiones que los viejos.

FRANCISCO. Con razón tú dices eso, dice Francisco; sin embargo, muchísimos dirán que ellos vituperan también la decrépita y delirante vejez, pero que alabarán a la vejez verdeante que tenga el vigor de la flor juvenil.

SEBASTIÁN. Entonces, digo yo, si ellos nos presentan una vejez que sea tan semejante a la juventud y dicen que la comprenden, sin duda son unos jueces injustos que describen una vejez a su gusto. Pero déjennos para nosotros la juventud que ellos desean. Y para que no nos engañemos por la ambigüedad de las palabras, cuando no sepamos de qué edad estamos hablando, ya sabes que son siete las edades de la vida, a las que la antigüedad con unanimidad les asignó unos años determinados: la primera es la infancia, que tiene comienzo en el mismo instante del nacimiento del hombre, y llega a los siete años; la segunda, la niñez, que comienza a los siete y llega a los catorce años; la tercera, la adolescencia desde este momento, hasta la pubertad; la cuarta, la juventud, de la que estamos hablando aquí, desde los veintiún años hasta los veintiocho; la quinta es la virilidad hasta los cuarenta y nueve; la sexta, la vejez, hasta los cincuenta y seis años; la última, la decrepitud, desde el momento que acabamos de decir hasta el fin de la vida. El lugar medio entre los extremos de estas edades lo tiene la juventud por un cierto acuerdo admirable y excelente de la naturaleza, y une, como en música, aquello que los griegos llaman *meson,* a los dos grupos de tres edades interponiéndose en su unidad, mientras tiene delante de sí la infancia, la niñez, la adolescencia, y detrás tiene la virilidad, la vejez y la decrepitud. Pues lo mismo que todas las cosas de la naturaleza tienen cierta moderación y constancia, así también la juventud no es tan delicada como la infancia, la niñez o la adolescencia, ni tan malhumorada y estéril como la vejez y la decrepitud. Pero ahora, Francisco, llevemos esos razonamiento de los pitagóricos en los números, que podrían determinar aún más detalladamente en este concierto de la naturaleza; será suficiente señalarte que la juventud no es esa inmadura edad de los niños, como piensa el vulgo, ni aquella otra tan lejana, por su vigor y virilidad, de la vejez; por lo que yo afirmo que es no menos partícipe del buen sentido y prudencia; por eso tiene vigor y florece tanto por las fuerzas del cuerpo como de la mente. Pues en verdad la niñez (para no hablar de la infancia o dejarla en la cuna o en los brazos de las nodrizas), vemos que está ocupada en cosas fútiles, en el juego, en chanzas, en bromas, en la música y otros estudios de esta clase que realizan bajo la vigilancia del pedagogo. La adolescencia está entregada a los amores, al juego, a la caza, a la palestra, a la natación y demás cosas semejantes; como sucede en la hierba, así rebosa de salud y vigor y florece por la fuerza de la naturaleza. Por el contrario la vejez y la decrepitud están tristes, apagadas, irritables. La virilidad, por su parte, se encuentra constreñida por diversas preocupaciones y ocupada en muchos asuntos. Por consiguiente la juventud, como entrando por la mitad del camino, participa de la vivacidad de la pueril flor de la niñez y de la seriedad de la edad viril, y está lo más dispuesta para todos los asuntos de la vida humana. Hemos leído que antiguamente los hombres de esta edad entre los romanos solían dedicarse a la república y a la guerra, de donde también se deriva el nombre de "joven", de "ayudar", porque la república recibía mucha ayuda de esta edad. Platón también en su *República* preceptúa que los hombres vayan a la guerra a los 20 años; los romanos más pronto, los mandaban a la guerra a los 17 años. De aquí existía aquel proverbio divulgado entre los griegos: *Las hazañas de los jóvenes, los consejos de los de mediana edad, la vida de los viejos.* Porque ninguna edad es más apta ni mejor para hacer cosas que la juventud, bien sea que se dedique a la república o bien a la guerra. Así las leyes de los romanos acompañan a los defensores del pueblo con el derecho del pretor y liberan por él a los que han cumplido los 25 años, y decretan que puedan disponer de sus cosas a su libre albedrío. Y esto de ninguna manera lo hicieran los hombres más prudentes si pensasen que en esa edad no hay nada de prudencia ni juicio. En tanto aprecio tenían los romanos a la juventud que nunca dudaron en atribuírsela también a los dioses y darle culto en el Capitolio con honores divinos, pero sí que dudaron siempre en cuanto a la vejez; ciertamente porque sobresale en razón y virtud, que son las dos divinas. Por tanto, los que dicen que las pasiones son un obstáculo para que la juventud se someta a la razón, nada nuevo aportan que impida que la juventud obedezca a la razón; puesto que las pasiones no son condenables por sí mismas ni la juventud está más carente de juicio que la vejez.

Pasemos a la tercera incriminación que se hace a la juventud. Dicen que es propensa a los placeres y que es viciosa. Aunque antes hemos dado suficiente respuesta al negar que estas afecciones del ánimo por su naturaleza sean depravadas, pensamos sin embargo que hay que responder más cuidadosamente para que, si es posible, libremos a la juventud de toda antipatía. "La juventud es dada a los placeres y está contaminada de todos los vicios". Ciertamente lo concedería si la vejez estuviera exenta de sus propias pasiones y del mismo placer; o si hubiera algún vicio en el placer. Pero como la vejez no esté libre de sus propias pasiones, como antes hemos expuesto, y no haya nada de malo en el placer por sí mismo, ¿qué necesidad tenemos de atribuirle tantas veces el vicio o de condenar el placer? ¿Acaso porque Epicuro, hombre de ninguna manera malo, sin embargo simple, pusiera el bien sumo en el placer, por eso este ha de ser atacado tan severamente? Ciertamente el placer puede ser vicioso en muchas cosas si el deseo del ánimo que nos ha dado la naturaleza lo dirigimos a torpes deleites; nadie puede negar, sin embargo, que muy frecuentemente el placer va unido a la virtud, sobre todo porque ningún placer puede ser mayor que el que el ánimo percibe por una acción virtuosa. Y, en verdad, yo no condenaría a Epicuro en absoluto si entendía este placer como placer del ánimo, cuando aquel mismo sumo bien no pueda estar privado del deleite de la mente. Pongámoslo en la acción virtuosa, como quieren los peripatéticos: ¿acaso la virtud, si es molesta para el cuerpo, lo será también para la mente? En tal caso nunca estaría tranquila y segura la razón si nunca descansara con las acciones realizadas rectamente. Pongamos la felicidad en la contemplación de Dios, donde establecen los platónicos que está situada: ¿qué placer mayor puede existir? Luego, si la mente misma goza del placer en la consecución del sumo bien, como nace también de cualquier otro bien ya alcanzado, ciertamente la mente misma no pude carecer del mismo sumo bien, ni hay por qué censurar el placer. Y como de estos placeres unos son naturales y necesarios, otros superfluos, pero ni unos ni otros son torpes en absoluto en su origen si son dominados por la moderación del ánimo, ¿qué mayor placer puede haber que el que recibimos de la armonía de las voces y las cuerdas de la lira, o de la visión de cosas hermosísimas, o de todo lo agradable que percibimos por los demás sentidos? Y también podemos deleitarnos virtuosamente oyendo, mirando, tocando, gustando, oliendo. ¿Quieres que busquemos las demás formas de placer? Sin duda, el mismo placer venéreo que, el más contrario a la virtud, se opone a la razón, no debe ser condenado en el matrimonio. Por consiguiente, si estos placeres no son viciosos, mucho menos aquellos otros que se obtienen de cosas honestas. De los que está tan lejos que se opongan a la virtud que es propio de torpeza muy desorientada el no sentirlos, a lo que los filósofos griegos llamaban *aisthíseon* y nosotros *sensuum vacuitatem*, vaciedad de sentidos. ¿Por qué, pues, voy a llamar vicioso al placer que recibimos de la conversación y del trato con los amigos, o de la caza, o del juego moderado, o de los banquetes honestos y eruditos, o de cualquiera otra de esta clase de diversiones? Y si a estas diversiones les añadimos la conversación docta y el conocimiento de diversos temas, la memoria de la antigüedad, el estudio de la filosofía, el placer se acrecentará de modo maravilloso. En verdad, como en mí mismo experimento, no siento mayor placer que cuando encuentro una cosa que buscaba, me llega una noticia o leo una historia o un discurso bello y elegante, o un poema bien construido y culto; y también al escribir yo mismo algo con frases enlazadas o sueltas. Es tan grande el placer de los estudios que no sólo los doctos sino también los ignorantes se ven atraídos por ellos. Y no otra cosa significa aquel concierto de las musas, como dice Sinesio, en el que interviene Apolo, que aquella armonía suavísima que sienten en su mente los hombres dedicados al estudio, que procede de él, de tal modo que los levanta de la ignorancia y los llena de sumo placer. Hay otros placeres de la juventud muy intensos y honestos que recrean la mente y alimentan su erudición, confirman el juicio y dan conocimiento de muchas cosas que el que quiera adquirirlas es necesario que también saque toda su humanidad y buen sentido. Y, sin embargo, en este tema hay que oír a los poetas, que, lo mismo que dicen otras muchas cosas con suavidad y delicadeza, también atribuyen a la juventud los más torpes placeres. Como es lo que dice nuestro Séneca:

Recuerdo más bien aquellos años.
Relaja tu mente, levanta la antorcha con movimientos festivos,
Baco te libere de tus graves cuidados.
Goza de la vida, pues huye con veloz carrera.
Ahora Venus, agradable al joven, te ofrezca su fácil pecho.
Ahora exulte tu ánimo; yaces en el lecho vacío.
Deja la triste juventud, elige ahora el libertinaje.

Suelta las riendas; no dejes que los días fecundos se te escapen.[1]

Estas cosas son propias de la juventud perdida, no de una juventud honesta y rectamente instruida, que fácilmente puede privarse de esos placeres y vivir suficientemente gozosa y tranquila; como si estuviera entregada a la caza o a cualquier otro género de ejercicio honesto, como estaba aquel Hipólito al que se refieren los versos anteriores. Por tanto, muy distintos son los placeres de la juventud, honestos ciertamente y que alivian el ánimo de preocupaciones, si son moderados por el buen sentido y la razón. Pues si atribuimos el uso de la recta razón no menos al joven que al viejo y pueden con el mismo buen sentido moderar el ímpetu de los placeres, nada puede haber más festivo, nada más elegante, ni más honesto que la juventud. Pues ¿qué más hermoso que la fortaleza juvenil y el florecer del cuerpo?, ¿qué más agradable que su sentido festivo y su encanto, qué más excelente que su facilidad, vigor de ingenio, agilidad de la mente? ¿qué más conveniente que la grandeza de ánimo, la liberalidad, la firmeza y buena disposición para hacer todas las cosas, la jovialidad, el compañerismo y las buenas costumbres? Todo ello, por una parte, aumenta el decoro de la juventud; por otra, lleva consigo el

---

[1] *Fedra*, vv. 444-450 (N. del ed.)

placer más honesto. Y con qué interés y fervor
aceptan los jóvenes los estudios, o bien, una vez
aceptados, los cultivan y, asegurados con las fuerzas del cuerpo y de la mente, nunca se arredran ni
se quiebran por el trabajo, aunque haya que dedicar
todos los días a la lectura, a la discusión, a la escritura. Y como puedo juzgar sobre mí mismo, cuando
cojo un libro para leerlo no lo dejo antes de haber
consumido días y noches hasta leerlo completo. Y
no puedo estar nunca ocioso o vacío de estudios y
pensamientos, sin que medite algo conmigo mismo,
o piense o escriba o lea; finalmente, no dejé pasar
nulla dies sine linea (ni un sólo día sin una línea),
como se dice. Escribí con este estudio y dedicación
una paráfrasis y escolios a los *Topicos* de Cicerón
apenas a la edad de 19 años; hice esas cosas a una
edad ciertamente inmadura y necesitada de esa línea, pero que no podrían ser de mala calidad por
sus indicios. Después compuse los comentarios al
Timeo de Platón a los 24 años, luego tres libros de
Filosofía moral, después cinco de *Filosofía natural*; por no hablar de todas las demás obras que, es-
critas en este espacio intermedio de tiempo, bien
salieron ya a la luz o bien las tengo todavía sin pu-
blicar. Pero ahora, como sabes, cumplo 27 años y
no pido para mí nada ni más parecido a la vejez ni
más maduro que esta edad mía. Más aún me deleito
con estas cosas que digo y extraigo todo mi placer
de estos estudios y no lo considero un placer torpe

ni tampoco ajeno a mi edad; pues conozco también a muchos iguales, mucho más doctos y más prudentes que yo, cuya erudición y estudios apenas los han conseguido ya longevos. Pues ¿qué puede conseguir la vejez afectada y consumida por el trabajo, los achaques, las debilidad y las enfermedades? En ella, secos ya el ingenio, la memoria, la inteligencia y, en fin, casi extinguido el calor, se debilitan todos los sentidos. Pero no sólo está rodeada de estos males sino de aquellos otros que elegantemente relata Horacio:

> *Muchas incomodidades rodean al viejo;*
> *o bien porque busca y, desgraciado, se abstiene de lo encontrado y teme usar de ello;*
> *o bien porque administra todas las cosas tímida y fríamente.*
> *Indeciso, largo en esperanza, pesado y más ávido del futuro.*
> *Difícil, quejumbroso, alaba el tiempo pasado.*
> *Cuando era niño era el censor y el que imponía los castigos a los más pequeños.*[2]

No ha podido describirse ni mejor ni con más justeza la vejez, que es intolerable por el cuerpo exhausto, tembloroso, curvado, frío, escabroso, seco, escuálido, rugoso, afeado por las arrugas y las manchas, débil; sin embargo insoportable por su parlo-

---

[2] *Arte poética*, vv. 170-174 (N. del ed.).

teo, su lentitud, su avaricia, su tristeza, sus quejas y jactancia. Pues el viejo siempre es locuaz y parlanchín, y nunca pone medida ni fin en la narración de su vida pasada. Es tan pesado que no lo soportan ni los hijos, ni los nietos, ni los siervos, ni los familiares, ni siquiera todos los sirvientes, puesto que ahora reprende esto, ahora quiere que se haga lo otro, luego se queja de que es despreciado. Con frecuencia es también inconstante en los hechos y dichos. A veces quiere hacerlo todo él mismo, como si fuese mejor que nadie; sin embargo, en medio de la obra le falla el ánimo y entonces deplora el antiguo vigor y las fuerzas debilitadas por la vejez y, abatido por una enorme tristeza, se desea la muerte. Cuando está próximo a ella, su avaricia excede toda medida razonable pues, o bien pide las cosas que no le son necesarias para la vida, o bien se las da fácilmente al que se las pide. Además, en ocasiones piensa que es engañado al dar o cambiar el dinero. Desconfía de sus hijos y de sus siervos. Como aquel Euclión en la comedia de Plauto[3] que, habiendo escondido su tesoro en una olla, teme que todos se lo roben. Finalmente ¿quién puede suponer la tristeza de un viejo que prohíbe la risa y alegría de los jóvenes e incluso la recrimina? ¿Qué placer, qué canto, qué compañía para la conversación le puede complacer alguna vez? Él llama costumbres

---

[3] *Aulularia*, o *La comedia de la olla* (N. del ed.)

disolutas y corrupción a la afabilidad y dulzura y la espontaneidad de los demás. Quiere hacer a los jóvenes tristes y tétricos. Pero ¿quién no soportará con desagrado y dirá que son la más grande locura sus quejas de desprecio, de necesidades, de enfermedades, de perfidia de los siervos, de la insolencia de los hijos y de los nietos, de la nula atención cuando cuenta algo, de la risa de los demás por lo que dice? Pues siempre está rondando en sus labios y a todas horas, lo saca a relucir incluso ante los desconocidos: "Ya todos me desprecian por viejo, sean mis hijos o mis nietos. Desean mi muerte todos los días, para no tener que alimentarme en adelante. Carezco de todo cuando, gracias a los dioses, dispongo de todo. Estoy infestado por cálculos en la vejiga, por la podagra, la tos, la ronquera, la inflamación de los ojos. Ya nadie me es fiel, bien sea mi siervo, mi amigo o mi hijo. Estos jóvenes son impúdicos e insolentes; y no puedo ni entrar, ni estar de pie, ni sentarme cómodamente. Ay, cuánto más fuerte era yo en mi juventud y tenía más seguridad: luchaba, saltaba, corría y nadie en toda la ciudad me igualaba en fortaleza, en ingenio o memoria". ¡Qué conversación tan agradable es esa de los viejos, qué costumbres, qué vida que pudiera preferirse a la juventud! Pero ¿qué viejo no es criticable por la jactancia de sus hazañas en la adolescencia y por vanagloria de sus honores y dignidades? A cada paso hace valer sus estudios, su ingenio, su memoria, su elocuencia, su firmeza y la fortaleza de su cuerpo; contará a todos los que se le pongan a tiro sus dignidades, honores, magistraturas, la gracia ante reyes y príncipes, su linaje, sus riquezas y finalmente toda la historia de su vida. Despreciará a todos y no antepondrá nada a sí mismo. Escribe Filóstrato que Leontino Gorgias, ya viejo, respondió a cierto Cerofonte, hombre docto, que le preguntaba por qué inflaba la vaina de las habas: "Eso mismo te pregunto yo a ti, pues ya hace tiempo que veo esto; más aún, ¿por qué no te pregunto más bien por qué la tierra no emplea su látigo con gente como tú?". ¿Qué hay más insolente que esta arrogancia del viejo? ¿Qué más ligero o más temerario? Y tampoco le falta su libido a la vejez, pues hemos oído que Isócrates vivió casto en la juventud, pero en la vejez se unió a una mujerzuela. Ni tampoco yo concedería fácilmente que la vejez tuviese mucha seriedad y autoridad, y esto para beneficio de la edad, puesto que la juventud también tiene la suya propia por la prestancia de sus costumbres o de su virtud; como Marco Tulio dice que la tuvieron Pericles, Jenófanes y Marco Druso en su adolescencia; y como si ese honor se le concediera a los viejos, se ha de atribuir a la educación de los jóvenes, no a la edad muy avanzada, cuando el honor, como dice correctamente Aristóteles, está en el que lo da, no en el que lo recibe. ¿Por qué no es verdadera causa de honrar a la vejez, como a mí me parece, según dice Quintiliano, se piensa que ha conocido muchas cosas en el largo decurso de su vida? Y si ignora estas cosas o resulten de menos importancia que la instrucción de la juventud, sin duda no hay por qué considerar la compasión de la debilidad más digna que el honor. Por eso se dice que los indios no atribuían honor a ningún viejo que no fuera prudente. Lo mismo nos enseñan las Sagradas Escrituras, además de en otros lugares, cuando dicen que los viejos delirantes son execrables para Dios, y además más claramente en aquellas palabras: "Pues la vejez es venerable, no duradera ni se mide por el número de años; pero son venerables los sentidos del hombre por su vida inmaculada".[4] Por consiguiente el mérito del hombre no se mide por la edad sino por la virtud y la prudencia; pues nada importa si uno sea viejo por el carácter y las costumbres, como dice Aristóteles, o por la edad; y es que los años no deben relacionarse con las costumbres y vemos que muchos viejos son mucho más ágiles que los jóvenes más inconstantes, y también vemos con frecuencia jóvenes más serios que cualquier viejo. Ciertamente no veo que la juventud fuera un obstáculo para impedir que Pablo elevara a Timoteo al episcopado, cuando él es invitado a guardar la gravedad congruente con su edad; ni para Daniel impulsado por Dios a los doce

---

[4] *Sabiduría*, 8-9 (N. del ed.)

años de edad a la misión de de profetizar; ni que Samuel cuando era joven fuera antepuesto a Helí, sacerdote de avanzada edad; ni, en fin otros muchos jóvenes de muy buena vida, imbuidos de muy santas costumbres, de juicio grave y constante, y de doctrina y prudencia. Por lo cual la adolescencia no es más dada a los vicios torpes ni a las pasiones depravadas que la vejez; puesto que la edad prolongada no añade nada al ánimo, ni a la prudencia ni al ingenio; y la doctrina no se consigue sólo con la experiencia, que es falaz. Yo he visto a muchos que, demasiado engreídos por el número de años y atribuyéndose a sí mismos más de lo conveniente en prudencia y buen consejo, decían de cualquier cosa tantas simplezas con gran ostentación; y sin embargo eran considerados sabios sólo por sus canas. Mira qué consigue hacer la persuasión del vulgo: se mide la sabiduría por los años y se piensa que todos los viejos la tienen. ¡Cuánto mejor sería si juzgando bien de las cosas sopesasen qué consigue la edad, qué la instrucción! Pero como ellos no pueden conocer qué cosa se diga prudente o imprudentemente, así también a mí me parece inadecuado el juzgar de la prestancia de las edades. Pues ¿qué puede juzgar un hombre torpe e inculto que, llevado de la opinión del vulgo, ignora la verdad y con frecuencia defiende con gran temeridad y a gritos cosas absurdísimas? ¡Cuántos he conocido que, con la gran autoridad que tenían ante los suyos, afirmaban cosas claramente ridículas y las defendían incluso con gran pertinacia, no dando otra razón sino que les placía de acuerdo a su juicio, o porque las habían oído a otros semejantes a ellos. Y como por una parte con frecuencia el juicio de los ignorantes es temerario, y por otra sobre todo en aquellas cosas que son recibidas como un rumor o bien se prueban por el juicio del vulgo, se equivocan muchísimo. Con frecuencia viejos muy ignorantes son alabados de modo sorprendente y jóvenes prudentísimos son ridiculizados. Dan su juicio sin fundamento sobre el ingenio y la doctrina de cualquiera. Juran que este es con mucho el más docto y el más santo de toda la ciudad; aquel, por el contrario, es ignorante, inepto y ligero. Finalmente, se atreven a censurarlo todo y piensan que en un determinado asunto pueden tener la misma autoridad que hayan conseguido por el beneficio de la nobleza, del favor, o, en fin, por causa de otro. Por el Dios inmortal ¿qué más fuerte que esta temeridad, o qué más débil? Y si un adulador y servil hasta el extremo confirma el asentimiento de aquellos (pues son muchos los que están de acuerdo con cualquier cosa que digan los hombres principales), ¡qué ciegos, Dios inmortal, con qué juicio tan equivocado se precipitan a obrar! Pretenden que la verdad sea lo que defienden no con la razón sino con palabrería y a gritos. Y en las decisiones de tales hombres se apoya apenas la autoridad de la vejez. ¿Acaso cualquier hombre instruido y prudente ha pensado alguna vez que algo bueno o malo sea propio de una edad, sino de las costumbres y del género de vida? Pues si la edad por sí misma pudiese hacer algo a favor de la prudencia y la virtud los viejos serían, sin duda, todos prudentes y buenos y los jóvenes, por el contrario, malos e imprudentes. Estos tampoco tendrían necesidad de una larga instrucción, puesto que todo lo conseguirían con el paso de los años; pero, como consta que sucede lo contrario, se sigue que la edad por sí misma nada hace. Ciertamente no niego que en la vejez se aprenden muchísimas cosas que no puede aprender cualquiera en breve tiempo; sin embargo, si hay una buena instrucción, si hay doctrina, si hay ingenio, buena índole, cuidado de los padres y de los maestros, buen ejemplo de la ciudad, ¿qué más podemos desear en la juventud? ¿Acaso la debilidad del cuerpo, que nada puede aprovechar ni a sí mismo, ni a la patria, ni a los suyos? ¿Acaso el olvido de todas las cosas, el miedo constante de la muerte, la angustiosa y laboriosa condición de la vida? ¿Acaso, finalmente todas los demás inconvenientes de la vejez? Sin duda, así como la mala raíz no puede producir nunca buenos frutos, así la mala juventud no puede tener como resultado una vejez buena, ni una buena juventud puede tener como resultado una mala vejez. Por consiguiente, si la vejez tiene su bondad desde los primeros años, ¿por qué asignamos a ella más

bien que a la juventud la causa de su bondad? Euda-
midas, viendo al viejo Jenócrates en la Academia
disertar sobre la virtud con gran asistencia de discí-
pulos, dijo muy bien dicho: "¿Cuándo ha de practi-
carla, si ahora por fin la busca?". Pensaba este gran
hombre que la virtud pertenecía igualmente a todas
las edades y que era torpe cosa que el viejo no la
practicara desde la misma juventud. Así también
Agesilao, rey de los lacedemonios, pensaba que la
virtud debía aprenderse por parte de los niños en la
misma medida que por los viejos, puesto que hay
que acostumbrarse a la virtud desde la más tierna
edad, no sólo en la vejez. Escribe Jenofonte que el
lacedemonio Licurgo, suscribiendo esta opinión,
instituyó certámenes de virtudes tanto para los viejos como para los niños, porque una y otra edad deben ser instruidas igualmente; y no se piense que
porque uno sea viejo le corresponde menos la instrucción que al joven. Más aún, también Sócrates,
según el mismo dijo en su defensa, se había quitado
la vida por voluntad propia porque era viejo, y en
esa edad nada esperaba sino las más grandes molestias cuando antes había vivido bastante gozosamen-
te de acuerdo a la virtud. Por lo cual, Francisco,
para resumir este asunto en pocas palabras, en mi
opinión la vejez si no es peor, al menos tampoco es
mejor que la juventud, como he mostrado antes.

FRANCISCO. A mí, dijo su hermano, así me parece de todas todas. Y ojala los demás estuviesen persuadidos de ello igual que yo.

SEBASTIÁN. Muchos, sin embargo, objetan que me imagino una juventud perfecta, como si fuera una vejez, que raramente se da; entonces, aunque haya en el joven igual ciencia e ingenio que en el viejo, este, sin embargo, tendría que ser más prudente que aquel por la experiencia de las cosas y la ciencia más plena. Pero a este respecto, si has seguido bien el razonamiento, ya he respondido antes. Y todavía responderé más claramente para que entiendas que no me engaño a mí mismo y que los que eso piensan se equivocan totalmente o juzgan muy insidiosamente. Pues si dicen que yo me imagino una juventud perfecta, yo también puedo decirles que la vejez que ellos alaban no la conozco ni nunca la he encontrado. Por el contrario, he conocido y he visto muchos jóvenes, como los que he recordado antes y aquí por prudencia paso por alto. Y sucede con esto que, si dicen que por pocos viejos esa edad es perfecta y por pocos jóvenes la juventud es viciosa, lo mismo diré yo con todo derecho, pero al contrario, y no tendrán nada que responderme. Luego en esto está principalmente toda la fuerza de la rivalidad, en que, dada la misma fuerza en ingenio y en ciencia en el viejo que en el joven, dicen que el viejo será mucho más prudente que el

joven; por una parte, porque habrá tenido mucha
experiencia de la vida, y por otra porque todo lo
que conozca el joven no sólo por la ciencia sino
también por los hechos, el viejo lo habrá acumula-
do. Y yo pienso que esta causa no es la menos leve
ni la menos compatible con la verdad, pues mientras dicen que la ciencia puede ser igual en el joven
y en el viejo, no ven en absoluto que puede ser mucho más firme en el futuro en aquel que sobresalga
en ingenio y memoria (donde está la fuerza para
adquirir la ciencia) y perciba y retenga fácilmente
todo; y al revés en el caso del viejo. Y queda clarí-
simo con esto que no pude ser igual la ciencia para
uno y otro; y la que fuera igual para el viejo que para el joven se disminuye y debilita con el paso de
los días, porque las fuerzas del ingenio y la memoria se debilitan con la vejez. Y aunque digan que
las cosas que el joven acumula en su ánimo, el viejo las conoce mucho mejor con la experiencia porque la práctica de las artes confirma lo aprendido,
es ciertamente muy poco lo que por la experiencia
se añade en la vejez; puesto que la verdadera y segura ciencia se perfecciona más con el juicio de la
mente que con la experiencia de los sentidos Por
último, lo que un viejo, valiéndose de muchos hechos de experiencia ha visto con claridad y grabado
en la mente como una noticia común, eso el joven
lo conoce con la comprensión misma de la ciencia,
que siempre es común por la similitud de la cosa

presentada y una vez que se haga cierta comparación. Así pues, el joven o bien carece del esfuerzo para ponerse a prueba en cada uno de los actos de la vida humana –lo mismo que ha hecho el viejo a lo largo de su vida–, o bien parece inferior porque por la acción todavía no ha alcanzado en absoluto la misma ciencia. Si carece de aquel esfuerzo, como nosotros determinamos, porque tiene la ciencia de muchos, conseguida no por la experiencia sino por la inteligencia, lo cual es mucho más cierto, sin duda la juventud es más excelente. Pero si las cosas que aprende todavía no las ha confirmado con la experiencia, ¿qué otra cosa se le objeta sino lo que en otro tiempo a los filósofos: que, aun teniendo conocimiento perfecto de todas las cosas, eran ridiculizados de vez en cuando por hombres vulgares y pragmáticos porque ponían demasiado empeño en agitar las mentes pero nunca llegaban a la realidad de los hechos; como si la ciencia en la práctica fuese como el arte fabril y no más bien estuviera en la comprensión de la mente, que es segura y fiable (si en verdad con derecho deba llamarse ciencia), bien sea que se dirija hacia una acción externa o bien a ninguna en absoluto? Por consiguiente, ¿qué más ha conocido el viejo que el joven? ¿Acaso ciertos asuntos de poca importancia que no puedan comprenderse con razón ninguna segura, sino por la experiencia? Pero sabrá el joven mejor y más rápidamente las mismas cosas con el paso de los días.

O bien deja que conozca de buena grado la ignorancia de esta clase de cosas, ya que las cambiare-
mos por tantas y tan grandes incomodidades de la
vejez. Y si de la vejez quitamos todo lo demás que
antes he dicho, ello es lo más importante con mucho para obrar (en lo que se considera docta y muy
bien dispuesta), ya se ha quedado débil y está cons-
ternada por el permanente miedo a la muerte. Pues
siendo tres los géneros de negocios a que suelen
dedicarse los hombres –los privados, los ciudadanos y los bélicos–, para todos estos la vejez es inep-
ta, no sólo porque es débil de cuerpo sino también
de ánimo y de mente. Pues ¿qué viejo tuvo alguna
vez el cuidado de la familia como era debido, ali-
mentó y educó a los hijos, a los siervos, en fin, a todos los de la casa y familia o, por el contrario, pe-
recieron todos por su negligencia, o bien porque él
como *paterfamilias* no era capaz de tanto trabajo?
Pues si todas las obligaciones domésticas fueran to-
madas por la voluntad del *paterfamilias*, quizá concediera que un viejo pudiera hacerlas cómodamente; pero, como se requiere fortaleza del cuerpo y
trabajo, o bien hay que aumentar las fuerzas o hay
que procurárselas, o una vez conseguidas conser-
varlas, o bien hay que cuidar y educar a los hijos y,
en fin, hay que valerse de otros medios. Sin duda
tanto trabajo es inasumible para un viejo, que no
puede cultivar un campo, si tiene que vivir de él, ni
ejercer un oficio manual, ni dedicarse al comercio,

ni puede hacer nada en absoluto, a no ser alegrase con otros viejos, conversar, contar historias antiguas; es parco en observar las cosas, inútil para preparar cosas nuevas, precavido para con los suyos. Sin embargo, es engañado por un pequeño esclavo. ¡Cuántas veces en las comedias de Terencio fueron chantajeados Cremes por Siro, Simón por Davo, o Demifón por Geta![5] ¡Cuántas veces fueron extorsionados por ellos para satisfacer el ansia de dinero de sus hijos! Y por todo esto queda claro que la vejez es un gran obstáculo para el recto ejercicio de los deberes del *pater-familias*, puesto que el viejo no puede hacer lo necesario para cuidar de las cosas. Y si entrara en los asuntos públicos, no veo que él pueda hacer algo más en ellos. Dirán otros: puede hacer lo que le dé la gana. En cambio, si al joven no le falta ni la ciencia, ni la agudeza de ingenio, ni el juicio, ni la erudición, ¿qué impide que participe de los asuntos públicos? Si toda la juventud estuviera instruida, como debe ser, en los asuntos públicos, en los que la juventud sobresale no sólo por sus fuerzas corporales sino también por su mayor ingenio y su prudencia, la república no necesitaría mucho de la vejez. Pero concedamos que la república no puede prescindir del consejo de los viejos; confesarán, no obstante, que ellos administran sólo

---

[5] Protagonistas, respectivamente, de *El enemigo de sí mismo*, *Andria* y *Formión* (N. del ed.)

una parte de ella, no toda; y esto es lo que debe hacerse en una republica bien organizada. Y si en la república hay que hacer alguna cosa con fortaleza de ánimo o con constancia, cosa que con frecuencia suele suceder, tampoco eso pueden hacerlo los viejos decrépitos por su edad y el trabajo que acarrea. A los jóvenes corresponde, sobre todo, la labor de ayuda a la república, no menos que a los viejos. Pues ¿qué habría hecho Catón en Roma, aun cuando tomara decisiones muy importantes? ¿Qué habría pasado si Apio Claudio o Escipión o César, u otros semejantes, hubieran faltado a esos deberes? Por consiguiente, nada puede hacerse en favor de la república si, privada de consejo, de fortaleza o de fuerza para actuar, no tuviera ni una ni otra ayuda, ya que nunca es conveniente separar el buen sentido de la acción. Pues muchos de los que quieren entregar la república sólo a los viejos, excluyendo a toda la juventud, parecen pensar lo mismo que si uno afirmara que una nave es dirigida sin timón; y que no ponga también a los marineros o al timonel, que lo maneje; pues yo pienso que la vejez es como el timón de la república y que la juventud debe impulsarlo y dirigirlo; y, así como la nave no puede moverse sin él ni el timón puede ser impulsado sin el timonel, así tampoco la república puede estar privada de la vejez ni la vejez de juventud. ¿Qué diremos de que los viejos con frecuencia están cansados y no tienen poder de consejo para la república, sobre todo cuando ella tiene más necesidad; por el contrario, los jóvenes bien formados en la parte que les corresponde la sostienen con sus fuerzas y su prudencia si se tambalea como resbalando y está privada de ayuda. Y, como sucede en las fábulas, creo que no otra cosa significa aquello que cuentan de que, cansado Atlante, Hércules sostuvo sobre sus hombros la mole del cielo; asimismo, a veces por un contratiempo los viejos extenuados y cansados se retiran de la república y se entregan al ocio; los jóvenes entonces, con las fuerzas del cuerpo y de la mente íntegras, los sustituyen. Así sucede que la vejez, como saliendo de la tempestad persistente, se acoge a un puerto tranquilo; la juventud, en cambio, se entrega toda ella a la republica para que, una vez abandonada de sus gobernantes, no perezca. Dice Plutarco que Cneo Pompeyo respondió magníficamente a Lúculo que le acusaba falsamente de ambición juvenil y de prematuro deseo insaciable de las magistraturas, que menos oportuno era para un hombre viejo el haberse entregado totalmente al ocio que haber llegado él a la república en la flor de la vida y con agudo ingenio, cuando se es más provechoso; y que cada uno aprovecha más a su república en la juventud misma que apartándose de ella, sobre todo porque ninguna edad es tardía o inmadura para actuar rectamente. También dicen que Catón, que después fue llamado el Uticense, siendo todavía joven respondió a uno que le reprendía su carácter taciturno: "Rechacen mi carácter taciturno con tal de que aprueben mi vida y costumbres". Lo mismo parece que se puede decir contra los acusadores de la juventud: acusen a esta edad, pero fíjense con sus propios ojos en sus rectos juicios y sus rectas acciones. Por esta causa, en la mayor parte de las ciudades bien constituidas los jóvenes se dedican igual que los viejos a las magistraturas y a los asuntos de la república. Escribe Jenofonte que eso solía suceder entre los persas; y sabemos que lo mismo también se hacía antiguamente entre los romanos. Incluso hoy, entre los vénetos administran su república hombres con buen sentido y prudencia.

Queda aquella tercera parte de la república muy necesaria que sólo puede hacerse por los jóvenes y nunca por los viejos; esta es la guerra. Y siendo de tanta importancia que sin ella no pueden subsistir ni los viejos, ni los ciudadanos, ni la misma república, sólo se hace por la juventud. Pues como en ella deba igualarse la grandeza de ánimo y la rapidez con la prudencia, ninguna de estas cosas puede darse en la vejez, que es lenta en deliberar y tímida en obrar; lo cual algunas veces es verdad que es provechoso en las guerras, pero con frecuencia muy nocivo. Así, fue útil la contención de Quinto Máximo en las guerras, que Cayo César por su parte resolvió con admirable rapidez. Y aquella parsimonia no habría sido entonces tan oportuna si Aníbal no se hubiera confiado demasiado. Las guerras piden mucha rapidez en deliberar y en tomar decisiones, y gran vigor de la mente y previsión con elevación del ánimo. Y no existe un general famoso que no tuviera estas cualidades. Y como estas cualidades no pueden tenerlas los viejos, que son fríos, titubeantes, tímidos, lentos y débiles, sin duda con gran dificultad apenas podrán dirigir una guerra. Y además, como en el mismo general exijamos ejemplo de fortaleza, liberalidad, compañerismo, autoridad, seguridad, fortuna, ¿cuándo tuvo nunca un viejo esas cualidades y no sirvió más bien de ejemplo de temor para los suyos? Es avaro, moroso, ridículo, importuno, infeliz, incluso si de joven hubiera gestionado las más difíciles situaciones. Podría aducir sobre esto numerosos ejemplos de muchísimos generales que fueron muy valerosos en la guerra durante su juventud, pero en la vejez nada en absoluto. Es bastante significativo que en su juventud gran parte de los emperadores fueran famosos por la gloria de sus gestas y por la pericia en la guerra, o empezaran a serlo desde la juventud; y que Platón y todos los demás que dieron preceptos sobre la república, mandan que sean destinados a la guerra los jóvenes, no los viejos, como leemos que acostumbraban a hacer los romanos. Y, siendo así las cosas, no sé en verdad qué pueda hacer un viejo, si no es apto para su casa, ni para actuar en la república, ni en la guerra.

Finalmente, el continuo miedo a la muerte, que angustia al viejo de día y de noche, es una cosa misérrima y que le cambia la razón de su paso constante. Pues cuando no hay nada más abyecto que temer siempre la muerte, que no puedes evitar, en el viejo siempre es más vituperable no sólo porque tema más aquello que nunca puede eludir, sino que por estar muy cercano a ella deba pensar menos en la vida, de la que no podrá gozar ya largo tiempo. ¡Cuánto más animoso un joven que cualquier viejo y, sin embargo, está más lejos de la muerte que aquel, si vemos la fuerza de la naturaleza y el orden de las cosas! Pues, para no hablar de ello, la vejez misma es enfermedad. ¿Quién no censurará en un viejo decrépito y enfermizo y próximo a la muerte tanto amor a la vida, tanto cuidado de su salud, tanta medicina, tanta dedicación a prolongar la vida, si le fuera posible? Tiberio César, como cuenta Plutarco, decía que era cosa torpe que un hombre sexagenario ofreciera la tráquea a un médico para que se la tocara, porque le parecía muy inadecuado que se preocupara de la vida quien ya no puede gozarla largamente. Y esto él prudentemente no puede menos de hacerlo, porque es tolerable e incluso útil temer aquellas cosas que puedes evitar con alguna razón; pero aquellas cosas que de ningún modo pueden evitarse, ¿qué necesidad hay de tenerles tanto miedo? Yo, en verdad, soportaría que los jóvenes teman la muerte porque están lejos de ella y pareciera que de alguna manera morirían inmaduros y su vida interesa mucho a la república, pero no soportaría el ansia de vivir en el viejo, cuya vida ya ha llegado al final, cuando es de poca importancia tanto más cuanto más inútil es para la república y para sí mismo. Por eso decía Pericles que si se privaba a la republica de la juventud traería más inconvenientes que si se eliminara del año la primavera porque, además de la misma hermosura y amenidad, por lo que es muy agradable, produce y madura todos los frutos; así, la juventud da abundantes éxitos de sí misma bien sea que se dedique a la república, o a los asuntos domésticos, o a la guerra; la vejez, en cambio, está seca y estéril como el invierno y privada de toda comodidad. Y, por no hablar de otras cosas, cuando reflexiono acerca de la causa por la que los viejos tanto temen la muerte, no encuentro ninguna otra que un defecto o de la voluntad o de la naturaleza. Pues si la muerte fuera un mal para el ánimo o aun para el cuerpo mismo, no negaría que ha de ser temida; pero como no sólo no es un mal sino que es un gran bien, la vejez no puede ser excusada del defecto de miedo. Y es que ¿hasta cuándo quiere un viejo alargar su vida, que ha de estar llena de preocupaciones, de languidez, de enfermedades, de tristeza y calamidades, y ha de ser desgraciada? En verdad, si uno es prudente no deseará prolongar su vida muchos años y ha de desear la muerte como el puerto de sus miserias y el refugio de los trabajos de la vida. Pero opte por esa vida todo el tiempo que quiera; eso será, al menos, lo más desgraciado, porque este ansia de vivir está llena de miedo constante y de preocupaciones. Y no espera tantas cosas buenas en la prolongación de la vida cuanto también, persuadiéndolo la debilidad de la naturaleza, desespera de acuerdo a la recta razón.

Esto es, Francisco, lo que para decírtelo me ha venido a la mente sobre la vejez y la juventud para dar satisfacción a tu petición. Pero no me preocupa mucho lo que dicen los demás, puesto que, como se apoyan en un gran error y en la opinión del vulgo, no tiene importancia, y en este libro los refuto suficientemente. Me queda por decir que a tu edad no desprecies nada, sobre todo de las buenas artes, la excelente disciplina y la instrucción liberal; por el contrario, has de proponerte ahora un camino mucho más seguro para tu constante avance en la virtud y la ciencia, pues las demás cosas, citando las palabras de Quintiliano, aun cuando midamos nuestra edad no por la época de la vejez sino por el tiempo de la adolescencia, tienen años de sobra para ser aprendidas. Fin.

En Basilea, por Miguel Martín Estrella,
año de Cristo 1556, en el mes de marzo.